Mine de rien, la vie des petits est une aventure passionnante, riche en premières fois, en découvertes, en sentiments souvent intenses. La collection Mine de rien les accompagne, s'adresse aux enfants, à leurs parents et aux adultes référents qui les entourent. À travers les dessins de ®obin, si alertes et tendres, elle met en scène des situations de la vie quotidienne, au plus près des enfants.

Catherine Dolto, accompagnée de son éditrice complice, Colline Faure-Poirée, apporte son savoir unique dans le domaine de l'enfance, elle apparaît en fin d'ouvrage sous les traits de Dr Cat et s'adresse aux enfants, comme si elle était, en face-à-face, dans son cabinet de médecin. Elle pose des mots sur ce qui agite le monde des petits, sur ce qui les trouble et les inquiète. Elle aime dire: «quand on comprend mieux, on grandit mieux.»

MINE DE RIEN

Docteur Catherine Dolto
Colline Faure-Poirée

Dire non

Illustrations de Robin

Gallimard Jeunesse Giboulées

Quand on est bébé, on ne sait pas encore parler et on ne peut rien faire sans les parents, on a le plus souvent envie d'être « oui » avec eux.

Peu à peu, on comprend beaucoup plus de choses et on découvre qu'on a plein de possibilités, on sait faire des choses nouvelles chaque jour, on est curieux de tout et on a envie de faire comme on veut.

Quand on commence à marcher, on se sent très fort, on croit qu'on est comme les grands, on voudrait dire et faire plein de choses qu'on ne peut ni dire ni faire, c'est dur ! Il faut attendre encore longtemps pour savoir parler et être habile de ses jambes et de ses mains. On entend tout le temps les grandes personnes nous dire « non » parce qu'elles ont peur pour nous ou qu'on fasse des choses dangereuses. C'est difficile parce que dans le cœur on se sent capable de tout.

Pour nous, « non » c'est un mot de grands. La première fois qu'on dit « non », on se sent fort et les parents sont tout étonnés. Parfois, ils sont même fâchés et énervés, ça peut devenir très amusant et donner envie de recommencer.

Quelquefois, on dit « non » pour se sentir devenir fort, pas pour être contre les autres. Au début, on dit « non » mais on fait « oui ». Les grands ne comprennent pas toujours. Et nous non plus. On est étonnés de voir comment ce petit mot de trois lettres a de grands effets et c'est très agréable, quand on est petit, de pouvoir dire un petit mot qui est si puissant.

Il faut du courage pour dire « non », au début on a peur que les autres ne nous aiment plus, mais on se sent fort.

Parfois, on a très envie de dire «oui», mais on n'ose pas et on dit «non». Parfois, au contraire, on a envie de dire «non» et on dit «oui». En grandissant, on comprend que dire «non», c'est toujours une manière de dire «oui» à autre chose.

OUI
NON
OUI

Quelquefois, on est sûr d'avoir raison de dire «non» parce que ce qu'on nous demande n'est pas juste, mais on ne sait pas bien l'expliquer. Par exemple, Léo ne veut pas prêter sa bicyclette à Sonia parce qu'il a peur qu'elle l'abîme. Mais un jour, on arrive à prêter gentiment.

Quand les grands nous prennent pour des poupées,
on a envie de leur dire « non », et on a raison.

Quand on dit « non », on a l'impression qu'on est libre de penser ce qu'on veut et de ne pas être d'accord avec tout ce que veulent les grands, même si on les aime. Plus tard, on a le sentiment de ce qui est bon pour nous et qu'on trouve juste ou pas juste. On se sent le droit de refuser, de dire « non » parce qu'on est sûr de ce qu'on pense et de ce qu'on sent. Leïla dit « non » aux gâteaux et au sucre car elle sait que ça lui fait mal. Elle a dit « non » à son copain Max qui lui proposait d'aller au manège sans permission.

Un jour on a grandi et on peut réfléchir aux raisons pour lesquelles on dit «oui» ou «non», alors on prend une autre place dans la maison.

Les mots du **Dr Cat**

Alex, 6 ans, sa maîtresse s'est plainte de lui. Ses parents aimeraient trouver une solution.

« **Bonjour** Alex, tes parents ont demandé cette consultation parce qu'ils trouvent que tu dis « non » à tout et que ça complique la vie de famille. Je voudrais commencer par te féliciter parce que c'est très important de savoir dire « non » pour bien diriger sa vie. Dire « non », c'est montrer qu'on sait ce qu'on ne veut pas, qu'on sent ce qui est bon ou mauvais pour nous et c'est très important. Mais peut-être que tu dis « non » juste pour être sûr que tu peux le faire, comme les grandes personnes ? Peut-être que tu crois que seuls les petits disent « oui » ? Tu commences à savoir bien ce que tu ne veux pas, c'est très important. Peut-être que tu sens qu'en disant « non » tu es plus fort ? C'est un peu vrai, mais je suis sûre que tu vas bientôt comprendre qu'on peut dire « oui » sans redevenir petit et que c'est même très agréable. Si tu veux, nous allons chercher ensemble tous les « oui » qui sont cachés sous tes « non ». »

Gallimard Jeunesse Giboulées
Sous la direction de Colline Faure-Poirée et Hélène Quinquin
Édition Sofia Cloès • Conception graphique Christophe Hermellin
Loi n° 49-956 du 16 juillet 1949 sur les publications destinées à la jeunesse

ISBN: 978-2-07-514788-0
Numéro d'édition: 369635
Dépôt légal: août 2020
Imprimé en France par Pollina - 94300

PEFC 10-31-2065